RÉPUBLIQUE FRANÇAISE.

MINISTÈRE DE LA GUERRE.

INSTRUCTION DU 12 NOVEMBRE 1900

RELATIVE AU FONCTIONNEMENT DES

GARES DE RASSEMBLEMENT

ET DES

STATIONS DE TRANSITION

PARIS

Henri CHARLES-LAVAUZELLE

Éditeur militaire

10, Rue Danton, Boulevard Saint-Germain, 118

(MÊME MAISON A LIMOGES)

RÉPUBLIQUE FRANÇAISE

MINISTÈRE DE LA GUERRE.

Direction de l'Intendance militaire. — N° 249.

Instruction relative au fonctionnement des gares de rassemblement et des stations de transition.

Documents abrogés : *Instruction du 18 mai 1893 relative au fonctionnement du service de transit dans les gares de rassemblement de la zone de l'intérieur.*

Classement : *Volume n° 100 du recueil du* Bulletin officiel *refondu*, annexe n° 4, page 312 (en remplacement de l'instruction précitée du 8 mai 1893).

Paris, le 12 novembre 1900.

TABLE DES MATIÈRES.

CHAPITRE Iᵉʳ.

GARES DE RASSEMBLEMENT.

CHAPITRE II.

STATIONS DE TRANSITION.

CHAPITRE Ier

GARES DE RASSEMBLEMENT.

Définition et rôle des gares de rassemblement.

Art. 1er. Afin de prévenir toute confusion aux gares d'arrivée, tous les transports de personnel, de matériel et d'approvisionnements à destination soit des services généraux de l'armée, soit des corps de troupe et prenant leur origine dans la circonscription territoriale d'un corps d'armée, sont dirigés, en principe, par les établissements ou les corps expéditeurs, sur la gare de rassemblement assignée à cette région territoriale (1).

A partir de cette gare, les transports, réunis autant que possible en trains complets pour une même destination, sont dirigés, sans rompre charge, par la ligne de comunication :

1° Les transports de personnel et des colis destinés aux besoins intérieurs des corps ou services, directement sur les gares régulatrices ;

2° Les transports de matériel et d'approvisionnement, sur les stations-magasins.

Toutefois, il peut être dérogé à l'obligation de faire passer les transports par la gare de rassemblement lorsque les services expéditeurs peuvent charger des trains complets ou lorsque les expéditions partent de certaines gares déterminées par le Ministre, et notamment des gares dites de groupement, où sont réunis certains approvisionnements spéciaux.

Les transports de matériel de l'armée vers l'intérieur sont divisés par régions de corps d'armée destinataires par les soins des commissions de gare des stations-magasins, au cas où cette division n'aurait pas été faite antérieurement. Les transports concernant chaque région sont dirigés ensuite vers la gare de rassemblement de cette région, d'où on les fait suivre sur les établissements ou les dépôts destinataires (2).

Chaque commission de gare de rassemblement a pour mission :

1° De reconnaître le matériel à diriger sur les armées et le matériel évacué à diriger sur l'intérieur ;

2° D'assurer la continuation des transports ;

---

(1) Article 1er du décret du 11 février 1900 portant organisation générale des services de l'arrière aux armées, et article 35 du décret du 21 février 1900 portant règlement sur les transports stratégiques par chemins de fer.

(2) Article 42 du règlement du 21 février 1900 sur les transports stratégiques.

3° De constater, s'il y a lieu, en cas de séjour exceptionnel, la durée du séjour du matériel dans la gare de rassemblement.

Le matériel de passage dans les gares de rassemblement doit continuer sa route, sans retard, après un simple triage ne donnant lieu à aucune écriture (1).

Personnel attribué aux gares de rassemblement.

Art. 2. Dans chaque gare de rassemblement, siège une commission de gare comprenant le personnel ci-après :

a) Un officier supérieur (commissaire militaire) ;
b) Le chef de gare (commissaire technique) ;
c) Un officier-adjoint au commissaire militaire ;
d) Un secrétaire et deux plantons fournis par l'un des corps territoriaux de la région.

Il est, en outre, attaché à la commission de gare :

a) Un officier d'administration du service de l'habillement désigné dès le temps de paix ;
b) Un sergent et deux caporaux de la section active ou territoriale de commis et ouvriers militaires d'administration ;
c) Dix hommes appartenant aux services auxiliaires ou, à défaut, à la réserve de l'armée territoriale et même exceptionnellement à l'armée territoriale.

Attributions du commissaire militaire (2).

Art. 3. Le commissaire militaire dirige le service d'après les ordres qu'il reçoit de la commission de réseau dont il dépend.

Il veille à ce que les transports soient réunis autant que possible en trains complets pour une même destination ; il assure la continuation de route qui doit se faire sans retard.

Il constate enfin, s'il y a lieu, en cas de séjour exceptionnel du matériel dans la gare de rassemblement, la durée du séjour.

Il remplit dans la gare les fonctions de commandant d'armes et il en exerce tous les droits.

Si la gare de rassemblement est installée dans une localité où ne réside pas un fonctionnaire de l'intendance et où il n'y a pas de commandant d'armes, le commissaire militaire remplit en outre les fonctions de suppléant du sous-intendant militaire.

---

(1) Article 36 du règlement du 21 février 1900 sur les transports stratégiques.
(2) Cet article complète, en ce qui concerne le service spécial *des gares de rassemblement*, les prescriptions de l'instruction du 30 juin 1900 sur les commissions de gare (article 15).

Attributions de l'officier d'administration.

Art. 4. L'officier d'administration procède, sous l'autorité du commissaire militaire de gare, à la reconnaissance sommaire et à un simple triage du matériel et des approvisionnements de passage dans la gare de rassemblement.

Lorsque les transports sont effectués par wagons plombés, il se borne à constater que les plombs sont intacts à l'arrivée.

Pour les transports effectués par wagons non plombés, il s'assure :

1° Que les colis expédiés de l'intérieur à destination des armées ou ceux expédiés des armées sur l'intérieur sont soliment conditionnés et portent sur leurs deux faces, en gros caractères, l'adresse du destinataire ainsi que la nature du matériel (1);

2° Qu'en ce qui concerne les colis particuliers à destination de corps de troupe ou de service aux armées, l'adresse du destinataire comporte en gros caractères l'indication du corps de troupe ou service, de la division, du corps d'armée et de l'armée (1);

3° Que chaque wagon (plombé ou non plombé) porte extérieurement une inscription sommaire indiquant (2) :

a) La nature et l'importance du chargement;
b) La gare expéditrice;
c) La gare de destination.

(Cette inscription est faite sur une étiquette de couleur rouge pour les wagons chargés de munitions et de substances explosibles.)

Les titres de transport étant établis soit à l'origine du parcours jusqu'à la station-magasin ou la gare régulatrice (suivant le cas) pour le matériel à destination des armées, soit à la gare régulatrice jusqu'à destination pour le matériel évacué (3), les transports ne donnent lieu à aucune écriture dans les gares de rassemblement.

Avances de fonds.

Art. 5. Pour les achats de matériaux qu'il peut être nécessaire d'effectuer en vue de compléter le conditionnement des colis, pour le paiement, s'il y a lieu, des gratifications aux ouvriers militaires et autres dépenses, l'officier d'adminis-

---

(1) Article 57 du règlement du 21 février 1900 sur les transports stratégiques.

(2) Articles 58 et 59 du règlement du 21 février 1900 sur les transports stratégiques.

(3) Article 56 du règlement du 21 février 1900 sur les transports stratégiques.

tration reçoit, au titre du service de l'habillement, une avance de fonds de cinq cents francs.

Cette avance lui est remise par le comptable du magasin d'habillement de la région pour le compte duquel il opère comme gérant d'annexe.

Si, en raison de l'éloignement de la gare de rassemblement, les fonds ne peuvent être remis par ce comptable, le sous-intendant militaire, dans la circonscription administrative duquel se trouve la gare de rassemblement, adresse, à la mobilisation, à l'officier d'administration de cette gare un mandat d'avance payable sur son acquit et accompagné d'une procuration dudit comptable (1).

Pour les avances subséquentes, les envois de fonds ont lieu par mandat sur le Trésor, quand ces fonds ne peuvent être remis directement à l'officier d'administration de la gare de rassemblement.

Ce dernier produit la justification de ces avances au comptable du magasin d'habillement duquel il relève, sous forme d'un bordereau des pièces et quittances (formule n° 417 de la nomenclature (2)).

Les recettes et les dépenses sont inscrites sur le livre de caisse (n° 202-F de la nomenclature).

L'officier d'administration de la gare de rassemblement ne tient aucun autre registre.

Documents et imprimés.

Art. 6. Une collection de documents et imprimés est constituée pour l'officier d'administration affecté à la gare de rassemblement.

Cette collection dont la composition est indiquée à l'annexe n° 1 à la présente instruction est conservée en temps de paix dans le lieu désigné par le commandant du corps d'armée, sur la proposition du directeur de l'intendance et envoyée, à la mobilisation, sur la gare de rassemblement à l'adresse de l'officier d'administration attaché à cette gare.

Des mesures relatives à cet envoi sont prévues dans les journaux de mobilisation du service du territoire.

Administration des hommes de troupe.

Art. 7. Les commis et ouvriers militaires d'administration sont mis en subsistance dans l'un des corps de troupe désignés

---

(1) Circulaire ministérielle du 19 juin 1900, n° 508. (5ᵉ direction, Cabinet du Directeur, Mobilisation.)

(2) C'est dans un but de simplification qu'on a adopté cette formule, dont le modèle (n° 3) est annexé à l'instruction du 22 août 1899 sur le service des subsistances en campagne.

dès le temps de paix parmi ceux les plus rapprochés de la gare de rassemblement.

En cas d'impossibilité et par application des dispositions de l'article 4 du règlement du 14 janvier 1889 sur l'administration des corps de troupe, ils sont administrés, au titre de la section à laquelle ils appartiennent, par les soins de l'officier d'administration attaché à la gare de rassemblement.

Les hommes forment alors ordinaire ou sont nourris par réquisition chez l'habitant.

L'officier d'administration ouvre, par quinzaine, une feuille de présence des hommes composant le détachement (1); cette feuille, conforme au modèle n° 2 annexé à la présente instruction, relate sommairement les mutations, l'effectif journalier et le nombre des journées de présence dans la quinzaine, décomposées par grade. Elle mentionne le nombre de rations de vivres pour lequel des bons ont été établis ou des reçus de prestations délivrés; elle porte en outre le décompte des prestations dues au titre de la solde pour la quinzaine échue.

Elle est certifiée, décomptée et arrêtée par l'officier d'administration de la gare de rassemblement.

Les mutations sont justifiées par les pièces ordinaires (ordres de route, billets d'hôpital, ordres de mise en subsistance, etc.).

L'officier d'administration paie la solde à terme échu, au moyen des fonds d'avance visés à l'article 5 ci-dessus, et, à cet effet, il inscrit la dépense correspondante à un chapitre particulier ouvert à la gauche du livre de caisse (n° 202-F de la nomenclature).

Après le paiment de la solde de quinzaine, il envoie une expédition de la feuille de quinzaine au commandant de la section, qui le rembourse soit directement, soit par mandat sur le Trésor, de la somme égale au montant arrêté et rectifié de la feuille de présence. Au reçu de la somme, l'officier d'administration inscrit la recette au livre de caisse.

Lorsque le détachement de commis et ouvriers militaires d'administration est administré au titre de la section, au lieu d'être mis en subsistance dans un corps de troupe, il reçoit lui-même en subsistance les secrétaire et plantons de la commission de gare.

---

(1) C'est dans un but de simplification que bien que, relevant administrativement du territoire, on applique à ce détachement les dispositions concernant l'administration des détachements particuliers employés aux armées.

CHAPITRE II

STATIONS DE TRANSITION.

Définition et rôle des stations de transition.

Art. 8. On appelle « stations de transition » les stations qui séparent les sections de chemins de fer exploitées par le personnel des compagnies des sections exploitées par les troupes de chemin de fer (1).

Il est toujours établi, à l'origine du parcours, des titres distincts :

1° Pour les transports en-deçà des stations de transition ;
2° Pour les transports au-delà desdites stations (2).

Le rôle du personnel attribué aux stations de transition et dont la composition est indiquée à l'article suivant, consiste à reconnaître sommairement et à réexpédier immédiatement sur leur destination définitive le matériel et les approvisionnements en provenance ou à destination de l'armée.

Personnel attribué aux stations de transition.

Art. 9. Dans chaque station de transition siège une commision de gare comprenant le personnel désigné ci-après :

a) Un officier supérieur ou subalterne (commissaire militaire) ;
b) Le chef de gare (commissaire technique) ;
c) Un officier adjoint au commissaire militaire ;
d) Un secrétaire et deux plantons fournis par les troupes d'étapes et de chemins de fer.

A la commission de gare de station de transition est attaché, en qualité de comptable transitaire, un officier d'administration du service de l'habillement et du campement qui est prélevé parmi le personnel affecté aux commandements d'étapes de l'armée desservie par la station de transition.

Cet officier d'administration a, à sa disposition, deux commis aux écritures et quatre hommes prélevés sur les détachements de commis et ouvriers militaires d'administration du service des étapes, d'après les ordres du directeur de l'intendance des étapes.

---

(1) Décret du 11 février 1906 portant organisation générale des services de l'arrière.
(2) Articles 6 et 56 du règlement des transports stratégiques.

Attributions du commissaire militaire (1).

Art. 10. Le commissaire militaire de la station de transition remplit les fonctions de suppléant du sous-intendant militaire. Il s'assure que les titres concernant le transport qui vient d'être effectué sont régularisés, que les titres préparés au départ pour le transport au delà de la station sont dûment complétés et que les uns et les autres sont remis à qui de droit.

Attributions du comptable transitaire et écritures à tenir par lui.

Art. 11. Pour tous les services militaires indifféremment, le comptable transitaire donne décharge au transporteur pour le transport effectué jusqu'à la station de transition, en mentionnant, s'il y a lieu, les pertes ou avaries qu'il aurait constatées après une reconnaissance sommaire.

Il signe comme expéditeur les titres concernant le transport au-delà de la station, en y mentionnant, s'il y a lieu, les annotations nécessitées par les pertes ou avaries reconnues à l'arrivée.

Il relève, pour l'exécution de son service, du commissaire militaire de la station de transition.

Le matériel et les approvisionnements étant réexpédiés immédiatement sur leur destination définitive, le comptable transitaire se borne à les inscrire sur le registre des expéditions mises en mouvement ou arrivées à destination.

Il tient, en outre, le livret de caisse (n° 202-F de la nomenclature) pour l'inscription des recettes et dépenses concernant la solde du détachement (voir art. 13).

Documents et imprimés.

Art. 12. Les documents et imprimés nécessaires au comptable transitaire lui sont fournis, aux quantités ci-après, par prélèvement sur les collections constituées au titre des commandements d'étapes de l'armée, savoir :

La présente instruction.. 1
Décret portant organisation générale des services de l'arrière aux armées et décret portant règlement sur les transports stratégiques par chemin de fer... 1
Registre des expéditions mises en mouvement ou arrivées (feuille de tête 1 à destination..)intercalaire . 25
Feuille de présence du détachement (modèle n° 2 annexé à la présente instruction)... 12
Livre de caisse (formé de 10 imprimés n° 202 F de la nomenclature).... 1

---

(1) Cet article complète, en ce qui concerne le service spécial *des gares de transition*, les prescriptions de l'instruction du 30 juin 1900 sur les commissions de gare.

Administration des hommes de troupe.

Art. 13. Les commis et ouvriers d'administration visés à l'art. 9 sont administrés dans les conditions prévues pour les détachements particuliers, par l'instruction ministérielle du 22 septembre 1888, relative au commandement et à l'administration des détachements d'ouvriers militaires d'administration et d'infirmiers militaires aux armées en campagne.

Comme l'officier d'administration de la station de transition ne reçoit pas d'avance de fonds pour le service d'exploitation, la solde du détachement lui est, exceptionnellement, remise ou envoyée d'avance, par quinzaine, contre reçu, par le commandement du détachement principal des étapes de l'armée.

Cette avance de solde se trouve régularisée à l'expiration de chaque quinzaine par la production d'une expédition de la feuille de présence des hommes composant le détachement.

Cette feuille, conforme à l'annexe n° 2 de la présente instruction, relate sommairement les mutations, l'effectif journalier et le nombre de journées de présence dans la quinzaine décomposées par grade. Elle mentionne le nombre de rations de vivres pour lequel des bons ont été établis ou des reçus de prestations délivrées ; elle porte en outre le décompte des prestations dues au titre de la solde pour la quinzaine échue.

S'il n'y a pas concordance entre le montant de la feuille de quinzaine et le montant de l'avance reçue, il est tenu compte de la différence au titre de la quinzaine suivante.

Les recettes et les dépenses dont il s'agit sont inscrites au livre de caisse (n° 202-f de la nomenclature).

Les secrétaire et plantons du commissaire militaire, également visés au susdit article, peuvent être mis en subsistance au détachement de commis et ouvriers militaires d'administration de la station de transition.

Les hommes forment ordinaire ou sont nourris par réquisition chez l'habitant.

Abrogation des dispositions antérieures.

Art. 14. La présente instruction abroge et remplace celle du 18 mai 1893, relative au fonctionnement du service de transit dans les gares de rassemblement de la zone de l'intérieur.

Paris, le 12 novembre 1900.

Le Ministre de la guerre,
Gal L. ANDRÉ.

*ÉTAT indiquant la composition de la collection de documents et im-
primés destinée à l'officier d'administration du service de l'habillement affecté à une gare de rassemblement.*

NUMÉ-ROS de la nomen-clature.	DÉSIGNATION DES DOCUMENTS ET IMPRIMÉS.	QUAN-TITÉS.	OBSERVATIONS.
»	La présente instruction.............	1	
»	Décret portant organisation générale des services de l'arrière et décret portant règlement sur les transports stratégiques par chemins de fer....	1	
»	Feuille de présence du détachement (annexe n° 2 à la présente instruction).........................	12	
202ᶠ	Livre de caisse.....................	1	Ce livre de caisse est formé de 10 formules n° 202ᶠ de la nomenclature générale.
417	Bordereau des pièces et quittances...	10	

° ARMÉE
ʷ OU
° RÉGION.

INSTRUCTION MINISTÉRIELLE
DU 12 NOVEMBRE 1900.
(Articles 7 et 13.)

° SECTION DE COMMIS ET OUVRIERS MILITAIRES D'ADMINISTRATION.

Désignation
du détachement {
principal.

Désignation { Gare de rassemblement de
du détachement { ou
particulier. { Station de transition de

Nom et qualité {
de l'officier {
commandant. {

FEUILLE DE PRÉSENCE
DU DÉTACHEMENT

pour la ° *quinzaine du mois d* , 19 .

DATES.	MUTATIONS SOMMAIRES.	AD- JOURNÉES	JOURNÉES DE PRÉSENCE						
			Sergents ou sergents fourriers rengagés.	Sergents ou fourriers non rengagés.	Caporaux fourriers.	Caporaux.	Clairons.	Soldats.	Effectif journalier.
1er ou 16 ...									
2 ou 17....									
3 ou 18....									
4 ou 19....									
5 ou 20....									
6 ou 21....									
7 ou 22....									
8 ou 23....									
9 ou 24....									
10 ou 25....									
11 ou 26....									
12 ou 27....									
13 ou 28....									
14 ou 29....									
15 ou 30....									
31.........									
Totaux des journées de présence..									
Journées de rappel (1)......									
Totaux généraux.........									

HAUTES PAYES					NOMBRE DE RATIONS DE VIVRES comprises sur les bons de distribution ou reçus de prestations. (Pour mémoire.)	OBSERVATIONS.
A	A	A	A	A		

Certifié la présente feuille de présence par nous (2) commandant le détachement particulier.

A   , le   19 .

(1) A justifier dans la colonne d'observations.
(2) Nom et grade.

DÉCOMPTE DU PRÊT DE LA QUINZAINE ÉCHUE.

	JOUR-NÉES.	TARIF.	DÉ-COMPTE
Journées de Adjudant..........................			
Sergent rengagé..................			
Sergent non rengagé..............			
Caporal fourrier..................			
Caporal...........................			
Clairon...........................			
Soldat............................			

HAUTES PAYES DE

	SOUS-OFFICIERS.						CAPO-RAUX.		SOLDATS.	
	à	à	à	à	à	à	à	à	à	à
Nombre de journées.										
Décomptes partiels..										

Décompte total des hautes payes, ci..........

Décompte total du prêt.....................

ARRÊTÉ le présent décompte à la somme de

A , le 19 .

Vu :

Le Sous-Intendant militaire chargé de la surveillance administrative du détachement particulier.

Vu :

Le Sous-Intendant militaire chargé de la surveillance administrative du détachement principal.

Après vérification et rectification d'office, le commandant du détachement principal *ou de la* section de commis et ouvriers d'administration arrête le décompte de la présente feuille à la somme de

A , le 19 .

Le Commandant du détachement principal,
ou
Le Commandant de la section,

Paris et Limoges. — Imprimerie militaire Henri CHARLES-LAVAUZELLE.

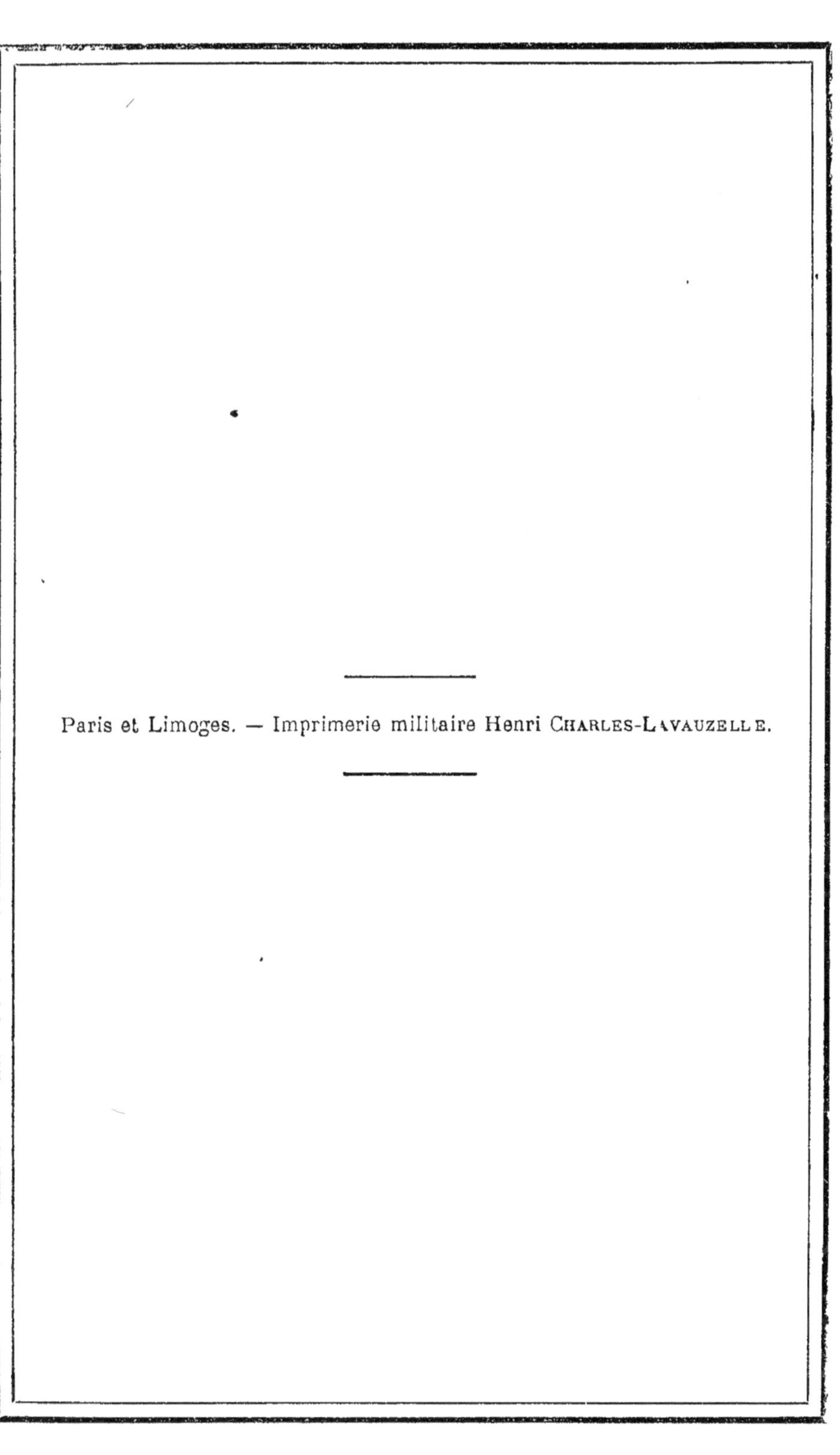

Paris et Limoges. — Imprimerie militaire Henri CHARLES-LAVAUZELLE.